Cristiano Ronaldo:
La leyenda del número 1

COLECCIÓN
LEGADOS

En *Legados*, cada libro es un viaje íntimo al corazón de una existencia. Biografías reveladoras, memorias conmovedoras, diarios y autobiografías luminosas componen esta colección dedicada a quienes transformaron su tiempo y dejaron una marca indeleble en la historia, el arte, la ciencia o la vida cotidiana.

Aquí se reúnen las voces de quienes vivieron intensamente, pensaron con hondura, sintieron con verdad. Desde grandes personajes públicos hasta figuras anónimas con historias memorables, *Legados* celebra el poder de la experiencia humana cuando se convierte en palabra escrita.

Una colección para los que creen que cada vida bien contada es una lección de coraje, una chispa de inspiración y una forma de eternidad. Porque toda existencia humana merece ser contada. Y recordada.

ALEJANDRO HERNÁNDEZ

Cristiano Ronaldo:
La leyenda del número 1

ALCARAZ
EDICIONES

© Alcaraz Ediciones, 2025

© Alejandro Hernández, 2025

© Mare Nostrum, 44

46420 – El Perelló

Sueca, Valencia

Teléf.: (+34) 910 46 54 33

e-mail: info@ alcarazediciones.es

https://alcarazediciones.es

I.S.B.N.: 979-13-87586-52-2

Diseño y maquetación: Iván García Molinero

Printed in Spain / Impreso en España

ÍNDICE

PRÓLOGO

La obsesión por la perfección. ¿Se nace número 1 o se llega a serlo?

" **S**i el talento no se entrena, no sirve de nada". Esta frase, pronunciada por el propio Cristiano Ronaldo en una entrevista con *France Football*, resume el núcleo de su filosofía de vida. A lo largo de más de dos décadas, Cristiano ha encarnado el ideal moderno del deportista total: no solo un futbolista con cualidades técnicas excepcionales, sino un trabajador incansable, obsesionado con el detalle, perfeccionista hasta la extenuación. Y es precisamente esa obsesión lo que ha hecho de él una leyenda.

Nacido el 5 de febrero de 1985 en Funchal, capital de la isla de Madeira (Portugal), Cristiano Ronaldo dos Santos Aveiro creció en un entorno modesto. Su padre, José Dinis Aveiro, jardinero municipal y utillero de un

9

club local, y su madre, Maria Dolores, cocinera, vivían con sus cuatro hijos en un barrio obrero. Desde pequeño, Cristiano mostró un carácter competitivo fuera de lo común. Según recuerda su madre: "A veces no comía por entrenar más. Tenía una energía que no le cabía en el cuerpo".

Esa energía pronto se canalizó en el balón. A los 12 años, Cristiano dejó su isla para instalarse solo, sin su familia, en Lisboa, donde ingresó en la cantera del Sporting Clube de Portugal. Dormía en una residencia de jugadores, lloraba por las noches de añoranza, pero nunca dejó de entrenar. "Vi en él algo que no había visto en ningún niño", diría años más tarde Aurélio Pereira, el ojeador que lo descubrió. "Tenía una técnica natural, pero sobre todo una voluntad de acero".

El concepto de perfección en el caso de Cristiano no está ligado al talento puro, sino a la construcción meticulosa de sí mismo como atleta. Su físico, su velocidad, su potencia de salto —llegó a alcanzar 2,93 metros en un remate de cabeza en la Champions League—, su capacidad de recuperación y su longevidad deportiva no son fruto del azar. "Cristiano es el único jugador que, cuando termina el entrenamiento, comienza el suyo", señaló Carlo Ancelotti, quien lo dirigió en el Real Madrid.

Estudios científicos han confirmado que su cuerpo presenta características similares a las de un velocista olímpico. Un documental de la BBC de 2011, *Cristiano Ronaldo: Tested to the Limit*, mostró cómo su masa muscular, capacidad pulmonar y fuerza explosiva superaban ampliamente los estándares de un futbolista promedio. Su índice de grasa corporal ronda el 7%, propio de un atleta de élite. Pero todo eso es el resultado de un régimen extremo de disciplina y cuidado. Cristiano duerme 7,5 horas diarias divididas en cinco ciclos de 90 minutos, sigue una dieta hipocalórica y proteica, y realiza entrenamientos invisibles incluso fuera de temporada.

¿Se nace número 1 o se llega a serlo? En el caso de Cristiano, la respuesta no puede ser reducida a una sola dimensión. Poseía cualidades innatas: una determinación precoz, una genética privilegiada, una pasión temprana por el fútbol. Pero nada de ello habría bastado sin la voluntad férrea de superarse. "Quiero ser el mejor de todos los tiempos", declaró con apenas 22 años en *The Guardian*. Y no lo dijo con arrogancia, sino con la certeza de quien está dispuesto a pagar el precio.

Este libro se propone retratar no solo al futbolista de récords —máximo goleador histórico de la Champions League, cinco veces

Balón de Oro, más de 850 goles oficiales—, sino al hombre que convirtió cada crítica en motivación, cada obstáculo en escalón, cada partido en examen. Veremos su paso por el Sporting, su explosión en el Manchester United de Sir Alex Ferguson, la consagración en el Real Madrid, el desafío de la Juventus, y su retorno simbólico al club inglés. Cada etapa, un capítulo de una voluntad insaciable. El lector encontrará en estas páginas momentos icónicos, estadísticas, anécdotas y testimonios. Pero también una reflexión sobre lo que significa ser el número uno. Porque, en palabras del propio Cristiano: "Ser el mejor no es ganar una vez, es mantenerse arriba durante años. Y eso solo se consigue con trabajo".

PRIMERA PARTE –
EL ORIGEN DEL GENIO

1. Madeira: una isla, un niño, un balón

Madeira, isla portuguesa enclavada en el Atlántico, es conocida por su belleza agreste, sus acantilados escarpados, sus bananeras y su sempiterno olor a mar. Allí, en el barrio obrero de Santo António, nació el 5 de febrero de 1985 Cristiano Ronaldo dos Santos Aveiro. Fue bautizado "Ronaldo" en honor a Ronald Reagan, entonces presidente de los Estados Unidos y actor favorito de su padre. El dato, curioso, encierra ya una intuición simbólica: el nombre de un líder carismático para un niño destinado a los focos del mundo.

La familia vivía en condiciones humildes, en una pequeña casa con techo de chapa, y con escasos recursos para alimentar a sus cuatro hijos. "Éramos pobres, pero nunca pasamos hambre. Teníamos lo justo, pero teníamos amor", recordaría años después su hermana Elma Aveiro. Las tardes de Cristiano transcurrían entre los muros desconchados del barrio, donde el fútbol era la única constante. Su primer balón no fue de cuero, sino de trapo. Y su primer campo, una calle inclinada.

En la escuela, su impulsividad lo alejaba de los libros. A los nueve años, una maestra comentó que no tenía futuro académico. Pero Cristiano tenía otra brújula. "Sabía que tenía talento, pero también sabía que eso no bastaba. Tenía que trabajar como nadie", dijo una vez en una entrevista con *France Football*. Y trabajó, desde pequeño, con una obsesión casi religiosa por el balón.

José Dinis Aveiro, jardinero municipal y encargado de mantenimiento en el club *Andorinha*, era un hombre de silencios. Sufría el desgaste del alcoholismo y de una vida sin mayores triunfos, pero fue él quien llevó a Cristiano por primera vez a un club de fútbol. Allí, con apenas siete años, el niño ya destacaba por su velocidad y potencia. "Corría como si el mundo se le escapara delante", recordaría un antiguo entrenador.

Sin embargo, fue Dolores dos Santos Aveiro quien se convirtió en la columna vertebral de su formación. Firme, decidida, protectora. "Si no fuera por mi madre, no estaría aquí. Ella hizo sacrificios que solo comprendes con los años", ha afirmado Cristiano en múltiples ocasiones. Dolores trabajaba limpiando casas y cocinando en restaurantes. En un pasaje recogido en su biografía oficial, cuenta cómo escondía su hambre para dar a sus hijos el pan. Una madre leona. Una madre con visión. Cuando a los 12 años, Cristiano recibió la propuesta de trasladarse a Lisboa para jugar en las categorías juveniles del Sporting de Portugal, fue Dolores quien le dio el empujón definitivo. Vendería lo que fuera. Lloraría en silencio. Pero lo dejaría ir. "Fue la decisión más dura de mi vida —confesó ella—, pero sabía que su destino no estaba en Madeira".

En las calles empinadas de Santo António, el fútbol no era juego, sino ley de supervivencia. No había árbitros ni reglas claras, solo talento y orgullo. Ronaldo jugaba contra niños mayores, a veces contra adolescentes. Aprendió a caer y levantarse, a esquivar patadas, a definir en espacios imposibles. A los 8 años, ya era apodado *abelhinha* (la abejita), por su manera veloz y nerviosa de moverse por el campo.

No era el más alto, pero sí el más hambriento de goles. Un hambre simbólica, que trascendía el estómago. "Soñaba con ser el mejor del mundo desde que tenía once años", declararía más tarde. Y no era una fantasía vacía. Entrenaba solo, añadía horas por su cuenta, hacía abdominales al borde de la cama. Según cuentan sus compañeros del

Sporting, a los 14 años ya tenía más músculo que muchos de los juveniles mayores.

El técnico Aurélio Pereira, descubridor de talentos en el Sporting, lo recuerda así: "Era un jugador con mentalidad ganadora, incluso cuando tenía poco que ganar. Sabía sufrir, y eso lo hacía distinto". Cuando fue fichado por el club lisboeta, Cristiano dejó Madeira con una maleta, una foto de su familia y un carácter forjado a fuego.

Madeira le había enseñado algo que no se entrena: el hambre, la humildad y la resistencia. Valores que, según él mismo repite, nunca ha olvidado. "Mi motivación no es ser el segundo. Nunca quise ser uno más, ni en Madeira ni en Madrid. Vine al mundo para competir", dijo Cristiano Ronaldo.

2. Los primeros pasos: del Andorinha al Sporting

Cristiano Ronaldo dos Santos Aveiro nació el 5 de febrero de 1985 en el Hospital Dr. Nélio Mendonça de Funchal, capital de Madeira. Hijo menor de Maria Dolores dos Santos y José Dinis Aveiro, creció en el seno de una familia trabajadora y humilde. Su padre trabajaba como jardinero municipal y, en sus ratos libres, colaboraba como utillero en el Club de Fútbol Andorinha. Fue allí donde Cristiano comenzó a patear el balón de forma organizada, aunque su pasión por el fútbol había nacido mucho antes, en las calles empinadas de su barrio y en los recreos escolares. A los seis años ya destacaba por su agilidad y su energía inagotable. Según relataría su madre: "No había manera de mantenerlo en casa, solo pensaba en jugar al fútbol. A veces me preocupaba que no comiera ni hiciera otra cosa". En el Andorinha, pronto empezó a llamar la atención. Los entrenadores notaban que aquel niño tenía algo especial. Un día, tras marcar siete goles en un solo partido, un espectador exclamó: "Ese chaval juega como si tuviera un motor dentro".

A los nueve años fue fichado por el Clube Desportivo Nacional, uno de los equipos más importantes de la isla. Allí, su progresión fue aún más fulgurante. Ganó títulos locales, fue nombrado mejor jugador de torneos infantiles, y su nombre empezó a circular entre ojeadores del continente. Fue entonces cuando el Sporting Clube de Portugal lo invitó a realizar una prueba en Lisboa. El club pagó el coste del viaje, y tras observarlo unos días, lo incorporó inmediatamente a su academia.

Uno de los responsables de la cantera recordaría: "No había que pensarlo mucho.

Tenía una velocidad fuera de lo común, pero sobre todo tenía hambre. Se notaba que quería más que nadie". Tenía solo once años y ya había empezado a caminar hacia un destino reservado para muy pocos.

El traslado a Lisboa supuso un corte profundo en la vida del joven Cristiano. Dejó atrás a su familia, sus amigos, su acento isleño y el aire salado del Atlántico. En la residencia del Sporting, compartía habitación con otros chicos, todos con la misma ilusión, pero no todos con la misma resistencia. "Fue una época muy dura. Lloraba casi todos los días. Extrañaba a mi madre, a mi casa, a mi isla. Pero no me rendí", recordaría años después.

Algunos compañeros se burlaban de su manera de hablar, otros lo tomaban por arrogante. Él respondía entrenando más, corriendo más, golpeando más veces el balón contra la pared del campo. Un día, uno de sus entrenadores lo sorprendió haciendo series de abdominales después de que todos se hubieran ido a dormir. Cuando le preguntó por qué, Cristiano respondió: "Quiero ser el mejor jugador del mundo. No hay otra forma". Era una frase que a cualquiera podría haberle parecido fantasiosa, pero en sus labios sonaba a determinación absoluta.

Los entrenadores del Sporting comenzaron a planificar su evolución con cuidado. Aunque aún era muy delgado y su cuerpo estaba en formación, decidieron acelerar su paso por las categorías inferiores. En un año, pasó del equipo sub-15 al sub-17, y luego al sub-19. En todos destacaba. "Tenía una capacidad de driblar que descolocaba a los defensas. Su pierna derecha era un látigo", apuntó el técnico Aurélio Pereira, quien también descubrió a Figo y a Quaresma.

En 2001, tras superar una arritmia cardiaca con una intervención láser que no requirió hospitalización, volvió a entrenar con más fuerza que nunca. Esa pequeña amenaza física no lo detuvo, sino que reforzó su convicción. "Dios me dio el talento, pero el resto lo tengo que trabajar yo", declaró más tarde en una entrevista.

El 14 de agosto de 2002, con apenas 17 años, Cristiano debutó oficialmente con el primer equipo del Sporting en un partido clasificatorio de la Champions League contra el Inter de Milán. El entrenador László Bölöni le dio la oportunidad, convencido de que no se trataba de una promesa cualquiera. "Le vi entrenar con los mayores y supe que estaba listo. No tenía miedo, tenía fuego", dijo el técnico rumano.

Ese día, aunque el partido terminó en empate, Cristiano dejó destellos de su verticalidad, de su cambio de ritmo, de su capacidad de encarar sin complejos. Pocos meses después, en el verano de 2003, el Sporting inauguró su nuevo estadio con un amistoso frente al Manchester United. Lo que sucedió allí es ya leyenda.

Cristiano fue imparable. Superó con facilidad a defensas como John O'Shea, y provocó tal impacto que los propios jugadores del United le pidieron a Sir Alex Ferguson que lo fichara. Rio Ferdinand lo resumió así: "Al descanso le dijimos al míster: ¿Vamos a dejar que este chico juegue contra nosotros o podemos llevárnoslo con nosotros?". Ferguson no dudó. A los pocos días, el club inglés cerró su fichaje por 17,5 millones de euros, una cifra inédita para un adolescente portugués.

Cristiano lloró cuando le comunicaron la noticia. No por tristeza, sino por el vértigo de estar cumpliendo su sueño. Dejó Lisboa sabiendo que ya no era solo un joven prometedor, sino un profesional en toda regla. Había llegado a un punto de no retorno. Su historia acababa de empezar.

3. La noche que lo cambió todo: Manchester lo descubre

El 6 de agosto de 2003, el estadio José Alvalade, recién inaugurado en Lisboa, fue el escenario de un amistoso de pretemporada entre el Sporting Clube de Portugal y el Manchester United. Lo que se esperaba que fuera una celebración tranquila se convirtió, para muchos, en el principio de una leyenda.

Cristiano Ronaldo, entonces con 18 años recién cumplidos, saltó al campo sin temor. Llevaba el dorsal 28 en la espalda, corría con naturalidad felina por la banda izquierda y cada vez que tocaba el balón provocaba un zumbido de sorpresa en la grada. Su velocidad, su capacidad de desequilibrio y sus fintas desconcertaron a los defensores ingleses. Uno de ellos, John O'Shea, terminó el partido exhausto. "Parecía que tenía un imán en los pies. No sabías si iba a ir a la izquierda o a la derecha, solo podías rezar para que fallara", recordaría años después.

En el banquillo del United, Sir Alex Ferguson observaba con una mezcla de incredulidad y fascinación. Sabía que aquel muchacho era una promesa del fútbol portugués, pero no esperaba ver tanto carácter y talento en un solo partido. Al finalizar, varios jugadores del United —entre ellos Ferdinand, Keane y Neville— se acercaron al técnico escocés y le dijeron lo mismo: "Tenemos que ficharlo. No podemos dejar que otro lo haga primero".

Ferguson, que rara vez se dejaba impresionar por un único partido, lo tuvo claro esa noche. "Nunca había visto a un joven jugar con tanta determinación, con tanto atrevimiento, y al mismo tiempo con tanto respeto por el balón. Supe que debía llevarlo a Manchester antes de que lo hiciera alguien más", diría en sus memorias.

En cuestión de días, el Manchester United se movió con velocidad y decisión. Jorge Mendes, el representante del jugador, negoció directamente con el club inglés. El acuerdo se cerró por 17,5 millones de euros, una cifra récord para un futbolista adolescente en Europa en ese momento. Cristiano viajó a Inglaterra para pasar el reconocimiento médico y, al poco tiempo, firmó un contrato de cinco años con los "Red Devils".

A su llegada a Old Trafford, se encontró con un vestuario lleno de estrellas: Ryan Giggs, Paul Scholes, Roy Keane, Ruud van Nistelrooy. Pero lejos de intimidarse, Ronaldo asumió el desafío con la misma actitud que había mostrado desde niño: trabajar más, entrenar más, soñar más alto. "Sabía que estaba entrando en un mundo nuevo, pero no me sentí inferior. Sabía que tenía que demostrar quién era. Y eso me motivó más que nunca", contaría luego.

Sir Alex Ferguson tomó al joven portugués bajo su ala. Lo protegió de la prensa, lo exigió en el entrenamiento y le enseñó a pulir su juego. "Tenía toda la técnica del mundo, pero debía aprender a usarla con inteligencia. Le enseñamos que no se trataba solo de lucirse, sino de ser efectivo", explicó el técnico escocés.

El debut oficial de Cristiano con el United se produjo el 16 de agosto de 2003, en un partido contra el Bolton Wanderers. Entró al campo en el minuto 61 y en menos de media hora provocó una falta que terminó en gol, dejó dos regates memorables y arrancó una ovación cerrada del público de Old Trafford. Esa tarde, el estadio supo que estaba presenciando el nacimiento de algo grande.

Al llegar a Manchester, Cristiano pidió conservar el dorsal 28 que había llevado en el Sporting. Pero fue Ferguson quien lo convenció de portar el número 7, un número legendario en el club, que había pertenecido a figuras como George Best, Bryan Robson, Eric Cantona y David Beckham. Al principio, Cristiano dudó. "Me daba miedo la responsabilidad. Era demasiado pronto. Pero Ferguson me dijo: 'Este número es para ti. Puedes llevarlo. Lo mereces'. Y no le pude decir que no", confesó en una entrevista.

Así nació "CR7", un apodo que más tarde se convertiría en marca, en símbolo y en legado. No solo era una camiseta; era una declaración de ambición. Desde ese momento, Cristiano entendió que no se trataba solo de jugar bien, sino de representar una historia, un linaje, una exigencia de grandeza.

Los primeros meses no fueron fáciles. La prensa inglesa lo criticó por su aparente exceso de regates, por su individualismo y por su tendencia a caer al suelo. Pero Ferguson insistió: "Déjenlo crecer. Está aprendiendo. Tiene algo que nadie puede enseñarle: hambre". Y tenía razón. Cristiano escuchaba cada crítica, tomaba nota y respondía como mejor sabía: entrenando más que nadie. "Algunos pensaban que era arrogancia, pero en realidad era disciplina. Yo sabía lo que quería ser, y no me iba a detener", diría años después.

Lo que comenzó como un deslumbramiento en Lisboa se transformó, en apenas meses, en un fenómeno en Inglaterra. Y lo que parecía un fichaje prometedor, pronto se consolidaría como el inicio de una era. La era de CR7.

4. *Manchester United: el laboratorio del éxito*

Cuando Cristiano Ronaldo aterrizó en Manchester, era aún un diamante en bruto: talentoso, veloz, espectacular, pero impulsivo y en ocasiones desbordado por su propia ansia de destacar. Fue Sir Alex Ferguson quien supo templarlo, como un orfebre que trabaja con fuego y precisión. No solo fue su entrenador: fue su guía, su mentor y, en más de una ocasión, una figura paternal.

"Ferguson me enseñó casi todo. Lo considero mi padre futbolístico", declararía Cristiano años después. El técnico escocés, por su parte, siempre vio en el joven portugués una mezcla rara de talento y disciplina. "Tenía esa hambre que no se puede fingir. Quería ser el mejor, y no lo decía por decirlo: lo demostraba cada día en los entrenamientos", afirmaba el técnico en su autobiografía.

Bajo la tutela de Ferguson, Cristiano aprendió a leer los partidos con inteligencia táctica, a afinar su toma de decisiones y, sobre todo, a transformar su exuberancia juvenil en eficacia devastadora. El entrenador fue paciente con sus errores iniciales y firme en sus exigencias. "A veces le gritaba, pero sabía que podía soportarlo. No lo hacía para castigarlo, sino para empujarlo", explicó Ferguson.

Ese vínculo, construido sobre respeto mutuo y una ambición compartida, fue clave para la transformación de Ronaldo. "Cuando mi padre biológico enfermó, fue Ferguson quien estuvo a mi lado. Siempre le estaré agradecido", reconoció el jugador, recordando los últimos años de vida de José Dinis Aveiro, que falleció en 2005.

El crecimiento de Cristiano no tardó en traducirse en títulos. Entre 2006 y 2009, el Manchester United vivió una de sus etapas más gloriosas, con el portugués como figura central. El equipo ganó tres Premier League consecutivas (2006-07, 2007-08 y 2008-09), y Cristiano se convirtió en el máximo goleador del campeonato en dos de esas temporadas.

En la campaña 2007-08 firmó 42 goles en todas las competiciones, una cifra astronómica para un extremo, y lideró al equipo en su conquista más preciada: la Champions League de 2008, en Moscú, frente al Chelsea. En aquella final, Ronaldo abrió el marcador con un cabezazo impecable y, aunque falló su penalti en la tanda definitiva, el equipo se impuso y él fue elegido mejor jugador del partido.

Aquel año fue su consagración definitiva. No era ya la promesa deslumbrante que bailaba sobre la banda: era un líder, un definidor letal, un futbolista total. Ferguson no dudó en elevarlo a la categoría de leyenda del club: "Cristiano es el jugador más completo que entrené jamás. Y eso incluye a algunos nombres muy grandes".

La culminación de esa etapa llegó el 2 de diciembre de 2008, cuando Cristiano Ronaldo fue galardonado con su primer Balón de Oro. Tenía 23 años y se convertía en el primer portugués en recibirlo desde Luís Figo. "Es el premio al trabajo de muchos años. Siempre soñé con esto, pero ahora quiero más", dijo al recibir el trofeo.

Aquel galardón no fue un punto final, sino el impulso hacia su siguiente gran desafío. La prensa internacional ya lo comparaba con Messi, que empezaba a brillar en el Barcelona, y muchos vaticinaban una rivalidad que marcaría una época. "Cristiano se convirtió en una máquina. No solo quería ganar: quería dominar, reinventarse y superar todos los límites", apuntó Thierry Henry.

En ese período, su figura se consolidó como un fenómeno global. Contratos publicitarios, portadas de revistas, millones de seguidores en redes y, sobre todo, un impacto deportivo que lo colocaba ya entre los mejores de su generación. Manchester fue el laboratorio donde se forjó el número uno: entre el rigor británico, la exigencia táctica, y el calor de un mentor que vio en él lo que otros no se atrevieron a imaginar.

En el verano de 2009, el Real Madrid llamó a su puerta con la oferta más alta jamás vista en el fútbol hasta entonces. Pero esa es otra historia: la del salto definitivo hacia la inmortalidad.

5. El salto a la cima: Real Madrid, 94 millones y una promesa

El 6 de julio de 2009, el estadio Santiago Bernabéu se convirtió en un escenario de dimensiones históricas. Más de 80.000 personas se congregaron para ver, no a un equipo jugar, sino a un solo hombre caminar sobre el césped: Cristiano Ronaldo.

Había sido fichado por el Real Madrid por 94 millones de euros, el traspaso más caro en la historia del fútbol hasta ese momento. Superaba a Zinedine Zidane y marcaba el inicio de una nueva era en el club blanco. Florentino Pérez, recién regresado a la presidencia, lo presentaba como la joya del proyecto galáctico renovado. "Hoy comienza una nueva etapa. Cristiano está llamado a ser el mejor jugador del mundo en el mejor club del mundo", dijo ante la ovación del público.

Cristiano, vestido de blanco y con el número 9 —el dorsal 7 aún era de Raúl—, apenas podía disimular la emoción. Levantó el balón, saludó en castellano con un tímido "Hola, buenos días" y declaró con firmeza: "Este es un sueño hecho realidad. Jugar en el Real Madrid es algo que siempre deseé desde niño". Después añadió una frase que resumía su ambición: "Quiero hacer historia aquí".

Ese día no solo llegaba un jugador. Llegaba una declaración de intenciones. Madrid no solo había fichado a un goleador; había fichado a una mentalidad, a un atleta dispuesto a desafiar todos los límites. Y lo que siguió fue un viaje de récords, tensiones, títulos y gloria.

Cristiano llegó a España en el mismo momento en que Lionel Messi dominaba LaLiga con el FC Barcelona. La rivalidad que había empezado a gestarse desde la distancia en la Champions tomó forma tangible. No se trataba de una competencia circunstancial: era una lucha de titanes, semana tras semana, por el trono del fútbol mundial.

Los medios la bautizaron como "el duelo del siglo". Uno zurdo, bajo, silencioso, de regate hipnótico y juego asociativo; el otro, diestro, potente, incansable, con una determinación de acero y una voracidad sin medida. *Messi vs Cristiano* se convirtió en mucho más que una comparación de estilos: fue un espejo en el que ambos se empujaban hacia la excelencia.

Cristiano lo tenía claro: "No quiero ser mejor que Messi. Quiero ser el mejor de todos". Su motivación era personal, interna, nacida de una exigencia casi patológica consigo mismo. En cada clásico, cada jornada, cada Champions, ambos parecían responderse con goles, asistencias, exhibiciones. "Nos hicimos mejores el uno al otro", diría Messi años más tarde. "Nuestra rivalidad fue única. Y creo que no se repetirá", reconoció Cristiano.

Entre 2009 y 2018, sus enfrentamientos directos definieron no solo campeonatos, sino una época entera. Nunca en la historia del fútbol dos jugadores de semejante calibre habían coincidido durante tantos años en la cima. El mundo entero se dividía: "¿Messi o Cristiano?", como si esa pregunta pudiera tener una respuesta definitiva.

En su primera temporada, Cristiano marcó 33 goles en 35 partidos oficiales. Pero eso fue solo el inicio. Año tras año fue elevando sus cifras hasta lo inimaginable. En la temporada 2010-11 anotó 53 goles; en la 2014-15 llegó a los 61. Alcanzó los 50 o más goles en seis campañas consecutivas, algo nunca visto en la historia del club ni del fútbol europeo.

Con el Real Madrid conquistó 4 Champions League (2014, 2016, 2017 y 2018), 2 Ligas, 2 Copas del Rey, 3 Supercopas de Europa y 3 Mundiales de Clubes. Se convirtió en el máximo goleador histórico del club con 451 goles en 438 partidos, una media que desafía toda lógica.

Además, ganó 4 Balones de Oro más como jugador del Madrid (2013, 2014, 2016 y 2017), llevando su total a cinco. En varias entrevistas insistió: "No juego por los premios. Juego por superarme. Los premios vienen solos cuando uno hace lo correcto".

Sus actuaciones en la Champions fueron especialmente memorables. Hat-tricks, goles imposibles, remontadas, noches europeas en las que su sola presencia parecía alterar el destino. "Cuando tienes a Cristiano, empiezas el partido ganando 1-0", llegó a decir Carlo Ancelotti.

Pero más allá de los títulos, lo que transformó a Cristiano en leyenda fue su obsesiva disciplina. Entrenaba en solitario después de las sesiones grupales, cuidaba su cuerpo con una precisión casi científica, y nunca permitió que la fama diluyera su hambre. "El talento no es nada sin trabajo. Esa es la verdad que nadie quiere oír", afirmó en una ocasión. En 2018, tras nueve temporadas, decidió cerrar su etapa en el Madrid. Se fue por la puerta grande, habiendo cumplido aquella promesa que pronunció con voz firme en su presentación: había hecho historia.

6. El Real Madrid galáctico: gloria, goles y liderazgo

Entre 2014 y 2018, el Real Madrid vivió una de las etapas más gloriosas de su historia. Fue una hegemonía europea que rozó lo mitológico: cuatro Champions League en cinco temporadas. Y en el corazón de ese reinado estaba Cristiano Ronaldo, el hombre de las grandes noches, el goleador incansable, el que siempre aparecía cuando el margen de error era cero.

La Décima, perseguida durante más de una década, llegó en 2014 bajo la dirección de Carlo Ancelotti. Cristiano marcó 17 goles en esa edición, récord absoluto en una misma temporada de Champions. Selló la final con el cuarto gol ante el Atlético de Madrid, un penalti que celebró con furia desmedida, como si el peso de la historia se le hubiese soltado de los hombros. "Era un título que el madridismo necesitaba. Y yo también", diría después.

Pero fue con Zinedine Zidane, a partir de 2016, cuando el Real Madrid alcanzó su punto de máxima madurez. Ganó tres Champions consecutivas (2016, 2017 y 2018), algo que ningún equipo había logrado en la era moderna del torneo. En todas ellas, Cristiano fue determinante: goles a la Roma, Wolfsburgo, Bayern, Juventus, PSG, Atlético o Liverpool. No importaba el rival: si era Europa, Cristiano respondía.

"En la Champions, Cristiano se transformaba. Era un jugador de otro nivel", declaró Luka Modri⊠. Zidane fue aún más rotundo: "Cuando tienes a Cristiano en tu equipo, tienes medio trabajo hecho".

Aunque nunca llevó el brazalete de capitán —reservado para figuras como Iker Casillas, Sergio Ramos o Marcelo—, Cristiano fue un líder indiscutible en el vestuario. Su liderazgo no era de discursos, sino de ejemplo: intensidad en los entrenamientos, obsesión por el rendimiento, exigencia máxima consigo mismo y con los demás.

"Cristiano no hablaba mucho, pero cuando lo hacía, todos escuchábamos", confesó Toni Kroos. En momentos clave, como antes de una final o tras un mal resultado, era él quien tomaba la palabra. "Si jugamos como sabemos, no nos para nadie", repetía. Era una mezcla de seguridad, hambre y determinación que contagiaba al grupo. Además, su profesionalismo marcó un estándar dentro del club. Cuidaba su alimentación con rigurosidad, descansaba como un reloj y entrenaba incluso en los días libres. "Llegaba el primero y se iba el último. A veces nos hacía sentir vagos", bromeó Dani Carvajal. Ese nivel de autoexigencia fue parte esencial de su legado: transformó al vestuario en un entorno más competitivo.

Aunque nunca fue el capitán formal, muchos lo llamaron "el verdadero capitán". Porque en el campo mandaba con la mirada, con la actitud y, por supuesto, con el gol.

La llegada de Zinedine Zidane al banquillo, en enero de 2016, supuso un punto de inflexión. El francés, ídolo eterno del club y figura carismática, entendió mejor que nadie cómo gestionar un vestuario lleno de estrellas. Con él, Cristiano encontró un técnico que no solo lo admiraba, sino que sabía cómo sacarle el máximo sin agotarlo.

Zidane introdujo rotaciones estratégicas y dosificó los minutos de Cristiano, especialmente en las primeras fases de la temporada. El resultado fue claro: el portugués llegaba fresco a los momentos decisivos. "Con Zidane empecé a jugar menos, pero mejor. Al principio me costó aceptarlo, pero tenía razón", reconoció el propio Ronaldo.

En esos años dorados, el Real Madrid formó uno de los tridentes más temidos del fútbol: BBC (Bale, Benzema, Cristiano). Cada uno con su estilo: Gareth Bale, explosivo y directo; Karim Benzema, técnico y generoso; y Cristiano, el ejecutor voraz. En sus mejores momentos, el trío combinaba potencia, precisión y profundidad como ningún otro.

Cristiano fue el alma goleadora. Mientras Bale lidiaba con lesiones y Benzema aportaba juego asociativo, él se encargaba de decidir. Marcó goles en cuartos, semifinales, finales. En la 2016-17, hizo 10 tantos entre los cuartos y la final, incluyendo un hat-trick al Bayern y otro al Atlético. Y en la final ante la Juventus, firmó un doblete que selló su cuarto título continental.

Al final de su etapa blanca, Cristiano había dejado una huella que excedía las cifras —aunque fueran monstruosas—. Había cambiado la historia moderna del club, lo había devuelto al olimpo europeo y se había convertido, sin discusión, en una leyenda viva del Real Madrid.

TERCERA PARTE –
MÁS ALLÁ DEL CAMPO

7. *La marca CR7: imagen, negocio y control absoluto*

M ientras deslumbraba al mundo con goles, títulos y récords, Cristiano Ronaldo fue tejiendo algo más: una marca global, autónoma y multimillonaria, construida con disciplina férrea, visión estratégica y un instinto casi empresarial para el detalle. CR7 no solo era un dorsal o un apodo, sino una declaración de identidad.

Desde sus primeros años en el Manchester United, Ronaldo comprendió que el fútbol no se jugaba solo en el campo. Controlaba su imagen, elegía sus entrevistas con cuidado y se mostraba siempre impecable. "Todo comunica: cómo te vistes, cómo hablas, cómo caminas… y cómo celebras un gol", llegó a decir en una entrevista a *Forbes*. Para él, el éxito era integral: deportivo, físico, comercial.

A diferencia de otros futbolistas que delegan su imagen en terceros, Cristiano participó directamente en cada decisión relacionada con su nombre. Supervisó logotipos, aprobó campañas, diseñó incluso líneas de ropa interior, zapatillas y relojes. Su obsesión por la perfección se trasladó al mundo del marketing. "Si algo lleva mis iniciales, tiene que estar a la altura de lo que soy dentro del campo", afirmó tajantemente.

En poco más de una década, construyó un imperio empresarial valorado en cientos de millones de euros, con diversificación de ingresos que le permitió independencia y control. "El fútbol pasa, la marca permanece", era su mantra.

Cristiano ha sido, durante años, uno de los atletas mejor pagados del planeta. Según *Forbes*, en varias ocasiones encabezó el ranking mundial, combinando salario deportivo con contratos de patrocinio de gigantes como Nike, Herbalife, TAG Heuer, Clear, Altice, American Tourister, y más. Su acuerdo vitalicio con Nike —el tercero que la marca otorgó después de Jordan y LeBron James— se estimó en más de 1.000 millones de dólares.

Pero más allá de representar marcas, Cristiano creó las suyas. La línea CR7 se expandió desde la moda íntima a perfumes, calzado, gafas de sol y fragancias de lujo. Todo bajo un mismo criterio: estética cuidada, mensaje directo y asociada siempre a su imagen atlética y exitosa.

A eso se sumó su incursión en la hostelería. En alianza con el grupo Pestana, fundó la cadena de hoteles Pestana CR7, con sedes en Madeira, Lisboa, Madrid, Nueva York y Marrakech. Los establecimientos combinan lujo, deporte, tecnología y diseño moderno. En cada uno hay un gimnasio de alto nivel, pantallas interactivas y referencias constantes a la carrera del futbolista. "Quiero que la gente entre en mi mundo", explicó en la inauguración del hotel de Funchal, frente al museo que lleva su nombre.

Y como ningún negocio moderno puede ignorar las redes sociales, Cristiano fue pionero también allí. Con cientos de millones de seguidores —es la persona más seguida del planeta en Instagram— transformó sus cuentas en herramientas de comunicación directa, promoción y control de narrativa. "No necesito que hablen por mí, puedo hablar yo con 500 millones de personas", declaró con naturalidad.

Sus publicaciones combinan rutinas de entrenamiento, momentos familiares, mensajes motivacionales y promociones sutiles. Cada imagen, cada video, cada mensaje está cuidadosamente pensado. La espontaneidad existe, pero nunca es desordenada.

Si algo distingue la imagen de Cristiano Ronaldo es su físico. Musculado, definido, simétrico. Su cuerpo es parte de su marca, tanto como su peinado o su celebración de gol. Y no se trata solo de genética, sino de una disciplina llevada al extremo.

Desde muy joven, desarrolló una rutina que combinaba entrenamiento específico, descanso riguroso, alimentación controlada y preparación mental. Entrenaba en casa después del entrenamiento oficial, dormía cinco siestas al día en ciclos cronometrados, evitaba alcohol y grasas, y comía a horas exactas. "Mi cuerpo es mi herramienta. Si no lo cuido, no rindo. Es así de simple", dijo con pragmatismo.

Esa obsesión, lejos de distanciarlo del público, lo convirtió en modelo aspiracional. Para muchos jóvenes, CR7 representa el ideal del esfuerzo físico transformado en éxito visible. En sus campañas publicitarias aparece siempre entrenando, sudando, celebrando. Su estética es la del guerrero moderno, del atleta que se esculpe a sí mismo.

Incluso sus gestos se convirtieron en iconos visuales: la pose de su salto, su grito "¡Siuuu!", sus abdominales al descubierto tras un gol importante. Todo refuerza una identidad coherente: la del hombre que lo controla todo, desde el balón hasta la luz que lo ilumina.

8. Disciplina, método, obsesión

Si Cristiano Ronaldo ha logrado mantenerse en la élite del fútbol durante más de dos décadas, no ha sido solo por su talento natural. Detrás de cada gol, cada sprint, cada salto imposible, hay una ciencia personal meticulosa: una rutina diaria de entrenamiento, alimentación y descanso llevada al extremo.

Su método es conocido por su precisión militar. Entrena hasta cinco horas al día, incluso en vacaciones, combinando sesiones de gimnasio, ejercicios de explosividad, trabajo cardiovascular, técnica con balón y natación. Pero lo realmente distintivo no es la cantidad de horas, sino la calidad y constancia. "Entrenar bien no es hacerlo mucho, es hacerlo todos los días. Sin excusas", ha dicho.

En su casa, siempre ha tenido un gimnasio privado, una piscina, una cámara de crioterapia y un equipo de fisioterapeutas a su disposición. Su obsesión con la recuperación lo llevó incluso a utilizar tecnologías que solo los clubes de primer nivel implementaban. Su compañero Patrice Evra recordaba una anécdota: "Fui a comer a su casa después del entrenamiento. Comimos pechuga de pollo, ensalada, agua. Luego quiso hacer toques con el balón en el jardín. Y después fue al jacuzzi. Me fui agotado".

La nutrición es otro pilar fundamental. Cristiano suele hacer seis comidas al día, repartidas en intervalos regulares, ricas en proteínas, vegetales, carbohidratos controlados y prácticamente nada de azúcar ni frituras. "No como por placer. Como para rendir", declaró con franqueza.

Y luego está el descanso. Aunque duerme ocho horas por noche, ha adoptado el sistema de micro-siestas de 90 minutos varias veces al día, como si su jornada estuviera diseñada por un laboratorio. Tiene horarios rígidos, luces reguladas, ambientes silenciosos. "Dormir bien es tan importante como entrenar duro", repite con frecuencia.

Más allá del cuerpo, Cristiano ha forjado una mente preparada para soportar la presión, convertir la crítica en motivación y transformar el fracaso en impulso. Es un competidor puro, con una relación casi mística con el desafío.

"Cada vez que alguien dudaba de mí, sentía que me estaba dando gasolina", confesó en una ocasión. Esa capacidad para reconvertir el escepticismo ajeno en energía propia ha sido una constante. Cuando se cuestionaba su rendimiento, respondía con goles. Cuando se le acusaba de egocéntrico, lideraba remontadas. Cuando se le comparaba con otros, se enfocaba en superar sus propios números.

Su nivel de concentración es tal que, según sus entrenadores, durante las horas previas a un partido entra en un estado de foco absoluto: cero distracciones, música instrumental, visualización de jugadas. "Cristiano no necesita que lo motives. Él ya viene al 120%", explicó Massimiliano Allegri, su técnico en la Juventus.

Este autocontrol no es innato, sino resultado de años de práctica y mentalidad blindada. Vive pendiente del más mínimo detalle. Su uniforme, su peinado, sus botas, todo tiene un lugar y un sentido. Algunos lo llaman vanidad; él lo llama profesionalismo. "Si descuidas lo pequeño, lo grande te pasa por encima", sentenció en una entrevista a *Sky Sports.*

En el terreno mental, Cristiano representa el modelo de alto rendimiento por excelencia: motivación intrínseca, resiliencia, foco, autoconfianza y orientación al logro. Psicólogos deportivos lo han estudiado como caso paradigmático.

El doctor en psicología deportiva João Brito, quien trabajó en la Federación Portuguesa, lo resumió así: "Cristiano posee una rara combinación de autoeficacia percibida y motivación por maestría. No le basta con ganar: necesita superarse a sí mismo cada día".

No es casualidad que haya sobrevivido —y triunfado— en entornos distintos: Inglaterra, España, Italia, Arabia. Ha sabido adaptarse, reinventarse y competir contra generaciones distintas sin perder eficacia. Eso requiere una mente extremadamente flexible y robusta, capaz de aceptar el cambio sin perder identidad.

Él mismo ha dicho: "Soy quien soy porque nunca estuve satisfecho. El día que me relaje, dejo de ser Cristiano Ronaldo". Esa insatisfacción creativa es su motor secreto. Vive en un estado de tensión controlada, en el filo entre la exigencia y la excelencia.

En tiempos de exhibicionismo fácil, su disciplina asombra. Mientras muchos celebran lo logrado, él piensa en lo siguiente. Entrena como si no hubiera ganado nada. Se alimenta como si cada gramo contara. Duerme como si mañana fuera la final del mundo.

Cristiano Ronaldo no ha sido moldeado solo por el talento, sino por un sistema personal de exigencia absoluta. Su éxito no es fruto del azar ni de la genética, sino de una arquitectura interna hecha de rutinas, sacrificio, enfoque y una voluntad de hierro. Y quizás ahí resida su verdadera grandeza: no en lo que logra, sino en lo que está dispuesto a hacer para lograrlo.

9. La selección portuguesa: del fracaso a la redención

El 4 de julio de 2004, en el Estadio da Luz de Lisboa, un joven Cristiano Ronaldo lloraba desconsolado. Tenía 19 años, acababa de disputar la final de la Eurocopa como titular en su país natal, y su selección, Portugal, acababa de perder contra la sorprendente Grecia por 0-1. Las imágenes de aquel adolescente arrodillado sobre el césped, con el rostro hundido entre las manos, dieron la vuelta al mundo. No eran solo lágrimas de derrota; eran el nacimiento de una herida que tardaría más de una década en cerrarse.

"Fue uno de los días más duros de mi vida. Soñábamos con levantar el título en casa, delante de nuestra gente. Estaba destrozado", recordaría años más tarde. Aquella Eurocopa había sido su debut con la selección absoluta, su primera gran vitrina internacional, y ya entonces dejó muestras de su carácter: ambicioso, inconformista.

A partir de ese momento, Cristiano se convirtió en pieza clave del equipo nacional, pero también en blanco de críticas. Portugal, con generaciones brillantes, siguió acumulando decepciones: eliminaciones en semifinales del Mundial 2006, la Euro 2008, y especialmente en el Mundial 2010, donde cayeron en octavos ante España. Se cuestionaba su liderazgo, su actitud, incluso su compromiso. "Decían que en el Madrid lo daba todo y que en Portugal no. Pero yo siempre di la vida por mi país", respondió.

Doce años después de aquella final perdida, en el verano de 2016, Portugal volvió a soñar. Lo hizo sin ser favorita, sin un juego brillante, sin titulares en todos los partidos. Pero con un equipo compacto, resiliente y con Cristiano como líder emocional y espiritual.

En la final del 10 de julio en Saint-Denis, ante la todopoderosa Francia anfitriona, el guion parecía repetirse. En el minuto 25, Cristiano cayó lesionado tras un golpe de Payet. Luchó por seguir, vendado, entre lágrimas, pero tuvo que abandonar el campo. Fue un golpe devastador. "Pensé que todo se había acabado. Me dolía el alma más que la pierna", diría.

Sin embargo, lo que ocurrió después es parte de la leyenda. Cristiano, ya sin poder jugar, se convirtió en entrenador improvisado, dando indicaciones desde la banda, gritando, alentando, abrazando a sus compañeros como un general herido que no abandona el frente. "Nunca lo había visto tan comprometido. Parecía que estaba poseído por el espíritu de la victoria", declaró el técnico Fernando Santos.

En la prórroga, Éder marcó el gol histórico que coronó a Portugal campeona de Europa por primera vez en su historia. Cuando el árbitro pitó el final, Cristiano estalló en lágrimas, esta vez de alegría. "Lloré como en 2004, pero por una razón completamente distinta. Fue el momento más feliz de mi carrera con la selección", confesó.

Esa noche, con la copa en las manos y el rostro iluminado, el niño que lloró en Lisboa se redimía en París. Era el cierre de un ciclo, la culminación de una promesa silenciosa.

Cristiano nunca fue un capitán clásico. No se le vio hacer discursos grandilocuentes ni gestos teatrales. Su liderazgo fue más bien silencioso, pero férreo: entrenaba con la misma intensidad en cada convocatoria, exigía el máximo a los jóvenes, mantenía la concentración incluso en los partidos más grises. Y, por supuesto, marcaba goles decisivos.

En los clasificatorios, en los amistosos y en los grandes torneos, su presencia era sinónimo de amenaza constante. Su palmarés con Portugal no se resume solo en la Euro 2016: fue subcampeón en 2004, semifinalista en 2006, campeón de la Nations League en

2019 y máximo goleador histórico del equipo con más de 120 goles.

Sus compañeros siempre lo respetaron. "Cristiano no necesita hablar mucho. Con verlo entrenar, ya sabes lo que tienes que hacer", dijo Pepe. Y Fernando Santos fue más allá: "Ha sido el mejor capitán que un seleccionador puede tener. Siempre puso a Portugal por delante de todo".

Con el paso del tiempo, su rol fue evolucionando: menos carreras por banda, más lectura de juego; menos protagonismo constante, más capacidad para aparecer cuando realmente se necesita. Fue, en definitiva, la transición del héroe juvenil al referente veterano.

CUARTA PARTE – EL OCASO DE UN DIOS

10. *Juventus: nuevos retos, nuevos territorios*

El 10 de julio de 2018, el mundo del fútbol volvió a estremecerse. Cristiano Ronaldo, después de nueve temporadas legendarias en el Real Madrid, ponía rumbo a un nuevo desafío: la Juventus de Turín. Tenía 33 años, una edad en la que muchos piensan en retirarse o bajar el nivel de exigencia. Él, en cambio, eligió reinventarse una vez más.

"Sentí que había cumplido un ciclo en Madrid. Necesitaba un cambio, una nueva motivación, otro país, otro idioma, otro reto", explicó en su primera rueda de prensa como jugador juventino. El fichaje costó 117 millones de euros, una cifra histórica para un jugador de su edad, pero la Juventus lo tenía claro: no contrataba solo a un goleador, sino a una institución del rendimiento, del profesionalismo, del liderazgo global.

La Serie A, un campeonato más táctico, físico y defensivo que LaLiga, fue el nuevo laboratorio de su madurez deportiva. En Italia, Cristiano mostró otra faceta: menos explosiva, más cerebral; menos deslumbrante, más implacable. Ajustó su juego: menos regates, más remates; menos desborde, más posicionamiento. "Sabía que el fútbol italiano es diferente. Aquí tienes menos espacio, menos tiempo, pero aprendí a leer los partidos de otra manera", confesó.

Desde su llegada, elevó el nivel competitivo de toda la plantilla. "Cambió nuestra mentalidad. Entrenábamos más duro, nos cuidábamos más. Él lo contagiaba todo", declaró Giorgio Chiellini. En los entrenamientos, su ética seguía intacta: el primero en llegar, el último en marcharse.

Cristiano se adaptó con rapidez al rigor táctico italiano. En su primera temporada (2018-2019), marcó 28 goles en todas las competiciones y fue pieza clave para que la Juventus conquistara su octavo Scudetto consecutivo. No fue un año brillante en cuanto a juego colectivo, pero sí fue una demostración de solvencia y eficacia.

En total, durante sus tres temporadas completas en la Juventus, ganó dos títulos de liga, una Copa Italia y dos Supercopas, marcando 101 goles en 134 partidos oficiales. En la temporada 2020-2021, se consagró como *capocannoniere* (máximo goleador) de la Serie A con 29 goles, convirtiéndose en el primer jugador en ser máximo anotador en Inglaterra, España e Italia. Un hito sin precedentes.

"No vine a Italia a pasearme. Vine a competir, a ganar. Ese es mi ADN", afirmó con firmeza tras una victoria ante el Milan. Sus goles eran una mezcla de instinto, experiencia y precisión. No necesitaba muchas ocasiones: cada disparo era una amenaza.

Más allá de lo deportivo, su presencia disparó los ingresos del club en *merchandising*, redes sociales y derechos televisivos. El impacto de su llegada fue tan fuerte que, en solo 24 horas, la Juventus vendió más de 500.000 camisetas con su nombre.

Sin embargo, hubo un objetivo que se le resistió en Turín: la Champions League. El gran sueño de los directivos bianconeri —y del propio Cristiano— era conquistar el máximo torneo continental, algo que la Juventus no lograba desde 1996. Pero, pese a sus esfuerzos, el equipo no consiguió superar los cuartos de final en ninguna de sus campañas.

En 2019, la Juventus cayó eliminada por el Ajax; en 2020, por el Olympique de Lyon; y en 2021, por el Oporto. En todas esas series, Cristiano marcó, asistió, lo intentó todo, pero el equipo no respondió. "No se puede ganar solo con un hombre, aunque ese hombre sea

Cristiano Ronaldo", escribió *La Gazzetta dello Sport* tras la eliminación en 2020.

Él mismo admitió su frustración: "Yo vine aquí para ganar la Champions. No lo conseguimos, y eso me duele. Pero no me arrepiento de nada. Lo di todo". La crítica italiana, a menudo impaciente, osciló entre la admiración por sus cifras y el desencanto por la falta de épica europea.

Aun así, su legado en Turín fue profundo. Profesionalizó aún más al club, inspiró a los más jóvenes, atrajo miradas internacionales y dejó huella como uno de los pocos grandes que se atrevió a cambiar de liga en la cima de su carrera.

El paso de Cristiano por la Juventus fue una etapa de madurez, eficiencia y liderazgo silencioso. No logró la Champions, es cierto. Pero en su travesía italiana reafirmó una verdad inquebrantable: no hay edad para reinventarse cuando la ambición es más fuerte que el tiempo.

11. *El retorno al Manchester United*

El 27 de agosto de 2021, los teléfonos de medio mundo vibraron al unísono con una noticia que parecía sacada de un cuento circular: Cristiano Ronaldo regresaba al Manchester United, doce años después de su salida rumbo al Real Madrid. El anuncio fue recibido con una mezcla de euforia nostálgica y esperanza renovada por parte de la afición de los Red Devils.

La Premier League, más global y comercial que nunca, lo recibía como un héroe que volvía al lugar donde se forjó. Él mismo lo expresó así: "Este club siempre tuvo un lugar especial en mi corazón. Lo que vivimos aquí no se olvida". El club vendió más de 300.000 camisetas en un solo día. Las redes sociales del United duplicaron su actividad. El impacto emocional era tan fuerte como el comercial.

En su redebut, ante el Newcastle, marcó dos goles y Old Trafford explotó en un rugido unánime. Durante esa temporada, anotó 24 goles en 38 partidos, incluyendo un hat-trick al Tottenham y varias actuaciones decisivas en Champions. Pero algo no encajaba. El club no funcionaba como en su época dorada. Las jerarquías eran difusas, la dirección deportiva errática y el vestuario desorientado.

Cristiano volvió a un club distinto del que había dejado en 2009. Más grande como marca, pero menos sólido como equipo. "Volví pensando que encontraría la misma estructura. Y me encontré otra realidad", diría más tarde en una entrevista. El reencuentro fue emotivo, sí, pero también cruelmente desencantado.

En el verano de 2022 llegó al banquillo del United el técnico neerlandés Erik ten Hag, con una misión clara: reconstruir el equipo con un enfoque colectivo, físico y disciplinado. Desde el inicio, la relación con Cristiano fue tensa. El portugués, que ya tenía 37 años, fue relegado al banquillo en varios partidos clave.

La situación se deterioró cuando, en octubre de ese año, Cristiano abandonó el campo antes del final de un partido contra el Tottenham, molesto por no haber sido utilizado. La escena dio la vuelta al mundo. Ten Hag respondió con firmeza: lo dejó fuera del siguiente encuentro y declaró: "Las reglas son iguales para todos. Incluso para Cristiano".

Cristiano Ronaldo, por su parte, se sintió humillado, desplazado, incomprendido. "Me sentí traicionado. No me respetaban", confesó en una entrevista con Piers Morgan, donde arremetió duramente contra el club, la dirección y el técnico. Fue su ruptura definitiva con una institución a la que había vuelto buscando gloria y encontró distancia.

Aquel conflicto reveló una grieta más profunda: la tensión entre el mito y el presente, entre el ídolo y el sistema. Cristiano seguía siendo un profesional ejemplar, pero su figura desbordaba cualquier esquema táctico. Ya no era parte del proyecto; era un monumento difícil de mover y aún más difícil de integrar.

El 22 de noviembre de 2022, en plena preparación para el Mundial de Catar, el Manchester United anunció mediante un comunicado breve y seco la rescisión del contrato de Cristiano Ronaldo "de mutuo acuerdo". No hubo homenajes, ni videos, ni despedidas oficiales. El regreso soñado se convertía en una salida por la puerta lateral, silenciosa, abrupta, casi indigna de su estatura.

"Hubiera querido irme de otra forma. Me duele", reconoció después. La historia que comenzó con gloria y terminó con distancias dejó en el aire una lección amarga: ni siquiera las leyendas pueden regresar dos veces al mismo lugar.

Fue el final de una etapa emocional, el cierre de un círculo que no terminó donde todos esperaban. Pero incluso en ese momento difícil, Cristiano siguió adelante. "No hay tiempo para lamentos. Solo para seguir luchando", escribió en sus redes.

El regreso de Cristiano Ronaldo al Manchester United fue un ejercicio de nostalgia cargado de simbolismo, pero también de confrontación con el paso del tiempo. Fue el rostro humano del ocaso: no por decadencia, sino por la certeza de que incluso los dioses tienen fecha de regreso, pero no de eternidad.

12. Arabia Saudí: el fútbol global entra en una nueva era

El 30 de diciembre de 2022, mientras el mundo aún asimilaba la resaca emocional del Mundial de Catar y el adiós prematuro de Portugal en cuartos de final, una noticia sacudió el tablero del fútbol global: Cristiano Ronaldo fichaba por el club saudí Al-Nassr.

La cifra era descomunal: más de 200 millones de euros por temporada, incluyendo salario, derechos de imagen y colaboraciones comerciales. El contrato lo convertía no solo en el futbolista mejor pagado del mundo, sino también en el símbolo visible de un ambicioso proyecto político y deportivo de Arabia Saudí: usar el deporte como puente de influencia, modernización y prestigio internacional.

En su presentación oficial, vestido con la camiseta amarilla y azul del club, Cristiano declaró: "He ganado todo en Europa. Este es un nuevo reto, en un lugar distinto, con una nueva visión del fútbol". Para algunos, esas palabras sonaron como una elegante justificación para un retiro dorado; para otros, como el inicio de un nuevo capítulo inesperado.

Lo cierto es que su llegada rompió moldes. Al-Nassr, hasta entonces un club desconocido para la mayoría fuera del Golfo Pérsico, se convirtió en una marca planetaria. El impacto fue inmediato: millones de seguidores en redes sociales, estadios llenos, transmisiones internacionales y una avalancha de contrataciones extranjeras. El efecto dominó había comenzado.

¿Retiro dorado o conquista de nuevos horizontes? La pregunta era inevitable: ¿Cristiano Ronaldo había ido a Arabia Saudí a retirarse entre lujos o a abrir una nueva frontera del fútbol profesional?

Él mismo respondió: "No vine aquí de vacaciones. Vine a competir, a marcar goles, a dejar huella". Y lo cumplió: en sus primeros meses, lideró la tabla de goleadores, marcó tripletes, asistencias y se convirtió en el eje de un campeonato que hasta entonces era invisible para la mayoría de los medios europeos.

Pero más allá del rendimiento, su presencia desató un movimiento tectónico en el fútbol global. En los meses siguientes, figuras como Benzema, Kanté, Mané, Neymar o Brozovi◻ siguieron sus pasos, atraídos por contratos millonarios y un proyecto respaldado por el poder estatal saudí. La liga pasó de ser periférica a estratégica.

En este nuevo contexto, Cristiano no era solo un jugador, sino el embajador de una nueva geografía del poder futbolístico. Su decisión, arriesgada y controvertida, abrió una puerta que nadie más se atrevía a empujar. "Cristiano no vino a Arabia por el dinero. El dinero vino a Arabia porque él vino primero", sintetizó un periodista deportivo árabe.

Con su llegada, el fútbol dejó de ser exclusivamente eurocéntrico. El Golfo se posicionó como un nuevo eje de atracción, tanto económica como simbólica. Cristiano fue, una vez más, pionero. Como en su día lo fue al conquistar Inglaterra, España e Italia, ahora abría camino en un territorio inexplorado por las grandes estrellas en su plenitud.

"Quiero ayudar a desarrollar el fútbol aquí. No solo dentro del campo, también fuera: en la mentalidad, en la cultura del esfuerzo, en la formación de jóvenes", explicó en una entrevista para *Arab News*. Su figura fue utilizada como estandarte diplomático, como motor del "soft power" saudí y como excusa para debates globales sobre deporte, derechos humanos y geopolítica.

A la vez, Cristiano conservó lo esencial: su mentalidad competitiva. Entrenaba con la misma intensidad, cuidaba su dieta, mantenía sus rutinas de recuperación. A sus casi 38 años, no había cambiado la esencia, solo el escenario. "Donde esté el balón, yo estaré", declaró con serenidad.

Cristiano Ronaldo no terminó su carrera en Europa. La extendió hacia un nuevo horizonte. Con su fichaje por el Al-Nassr, no solo rompió el molde del retiro clásico, sino que cambió el mapa del fútbol mundial. Fue, una vez más, el primero en cruzar el umbral que otros aún dudaban en atravesar. No se trató de renunciar al pasado, sino de escribir el futuro desde otro lugar. Y allí, en los desiertos de Arabia, con estadios iluminados y camisetas traducidas a múltiples alfabetos, el mito seguía corriendo detrás del balón, como si el tiempo no existiera.

QUINTA PARTE – EL LEGADO

13. Los números de la leyenda

Si el fútbol fuera solo números, la conversación sobre la grandeza de Cristiano Ronaldo terminaría pronto. Porque ningún jugador ha acumulado tantos registros, goles, récords y conquistas personales como él, y en tantos escenarios diferentes. Su carrera, medida en cifras, es una obra de arquitectura milimétrica, construida partido a partido, sin pausas ni concesiones.

A lo largo de más de dos décadas como profesional, Cristiano ha superado la barrera de los 850 goles oficiales, convirtiéndose en el máximo goleador de todos los tiempos en partidos oficiales reconocidos por FIFA. Ha marcado en cinco Mundiales, en once ediciones consecutivas de Champions League, en más de 120 partidos con su selección, y ha sido el primer jugador en anotar 60 hat-tricks en competiciones de clubes.

ENTRE SUS HITOS DESTACAN:

- Máximo goleador histórico del Real Madrid: 451 goles en 438 partidos.
- Máximo goleador histórico de la Champions League: 140 goles.

- Jugador con más goles en una temporada de Champions: 17 en 2013–14.

- Máximo goleador histórico de selecciones nacionales: más de 125 goles con Portugal.

- Único jugador en ser máximo goleador en Premier League, LaLiga y Serie A.

- Cinco Balones de Oro, cuatro Botas de Oro, dos premios The Best de la FIFA.

- Más de 30 títulos oficiales entre clubes y selección.

Todo esto acompañado de una longevidad física sin precedentes. Jugadores de su edad solían despedirse del máximo nivel; él, en cambio, seguía desafiando la lógica con un físico cuidado al detalle, un enfoque imperturbable y una ambición que no menguaba.

"Cristiano ha redefinido lo que significa tener una carrera larga en el fútbol", escribió *L'Équipe*. Y no se equivocaban: su capacidad para mantenerse vigente es parte central de su leyenda.

COMPARACIONES CON MESSI Y OTROS GRANDES

Desde su irrupción, la figura de Cristiano ha sido inseparable de un espejo: Lionel Messi. Juntos han protagonizado la mayor rivalidad de la historia moderna del deporte, una dualidad casi mitológica que dividió a generaciones, países, estadios y estadísticas.

Messi, el genio natural, el regateador silencioso, el hombre de un solo club (hasta su salida al PSG y luego al Inter Miami); Cristiano, el atleta total, el francotirador del gol, el conquistador de territorios. Sus estilos opuestos construyeron un relato de yin y yang futbolístico que trascendió los clubes y llegó al imaginario cultural de una época.

Ambos rompieron todos los récords conocidos. Ambos levantaron Champions, Balones de Oro, Ligas y Copas. Y aunque las comparaciones fueron inevitables, Cristiano lo dejó claro: "No compito contra Messi. Compito contra mí mismo". Sin embargo, nunca dejó de responder en la cancha: si Messi marcaba tres goles, él buscaba cuatro; si uno ganaba un título, el otro redoblaba la apuesta. Se empujaron mutuamente hacia lo imposible.

Compararlo con los grandes del pasado —Pelé, Maradona, Cruyff, Di Stéfano— es siempre un ejercicio condicionado por el tiempo. Pero en cuanto a longevidad, cifras, impacto mediático y adaptabilidad a distintos contextos, pocos pueden competir con la monumentalidad estadística y simbólica de Cristiano Ronaldo.

La pregunta recorre tribunas, programas de televisión y cafés deportivos: ¿Es Cristiano Ronaldo el mejor futbolista de todos los tiempos? La respuesta no puede ser unánime, porque el fútbol no se mide solo en goles ni en trofeos, sino también en emociones, estilos, épocas y pasiones.

Pero si hay algo que lo distingue, incluso entre los más grandes, es su carácter. No nació con el don del desequilibrio fácil, ni con el instinto natural de los elegidos. Se construyó a sí mismo, día a día, entrenamiento a entrenamiento. Fue, y sigue siendo, la expresión máxima del mérito, del trabajo, del esfuerzo sin tregua.

"Pelé era magia. Maradona, genio. Messi, arte. Cristiano es voluntad", escribió el cronista británico Jonathan Wilson. Y esa es quizá la clave de su legado: representa lo que cualquiera desearía ser, si pudiera darlo todo sin reservas.

Cristiano ha trascendido el fútbol. Es símbolo, marca, mito y espejo. Con él, el deporte alcanzó una dimensión total: física, comercial, emocional, cultural. Y cuando se retire, quedarán sus goles, sí, pero también una idea: que la perfección no está en el talento, sino en la voluntad de perfeccionarse sin fin.

14. Testimonios: lo que dicen de él

Hablar de Cristiano Ronaldo es enfrentarse a un fenómeno que desborda lo futbolístico. Por eso, más allá de sus goles, sus títulos y sus récords, su figura se ha definido también a través de las palabras de quienes lo acompañaron, lo enfrentaron o lo dirigieron. Sus testimonios son espejos diversos de una misma intensidad: la de un competidor absoluto.

Zinedine Zidane, su entrenador en la etapa más gloriosa del Real Madrid, fue claro: "Cristiano es el mejor jugador que he entrenado. En los momentos decisivos, siempre aparecía. Nació para marcar diferencias".

Sir Alex Ferguson, figura paterna en sus años formativos en el Manchester United, dejó una de las frases más recordadas: "Hay jugadores que brillan una temporada. Cristiano ha brillado toda su carrera. Es el futbolista más profesional que he visto en mi vida".

Pepe, su compatriota y compañero de batallas en la selección, dijo: "Nunca he conocido a nadie con su mentalidad. Entrenaba más que todos. Era nuestro líder sin tener que levantar la voz".

Incluso rivales como Gianluigi Buffon reconocieron su impacto: "Cristiano no te deja respirar. Puedes estar perfecto 89 minutos, y en el minuto 90 te hace el gol que te elimina. Esa es su especialidad".

Para Karim Benzema, uno de sus socios más constantes, la clave estaba en su ambición: "Cristiano siempre quiere más. Nunca se relaja. Es un ejemplo. Jugar a su lado te obliga a ser mejor".

Y Lionel Messi, su gran antagonista, lo definió con una admiración serena: "Cristiano es un competidor feroz. Siempre supe que si bajaba un poco el ritmo, él me pasaría por encima. Y eso nos hizo mejores a los dos".

LAS VOCES QUE LO ADMIRARON Y LAS QUE LO CRITICARON

El ascenso de Cristiano no estuvo exento de críticas. Su confianza, su manera de celebrar, su cuidado por la imagen personal y su estilo a veces arrogante despertaron comentarios contradictorios.

Diego Maradona, siempre pasional, dijo en su momento: "Cristiano es un animal del gol. Aunque a veces no me gusta cómo se muestra, hay que respetarlo. Es una bestia competitiva".

Ángel Cappa, exentrenador argentino, señaló: "No discuto su eficacia. Pero no tiene la magia de los que juegan para el disfrute colectivo. Juega para él". Una crítica que muchos compartieron: la de un jugador que, en ocasiones, parecía más obsesionado con superarse que con compartir.

Otros, como Xavi Hernández, fueron más diplomáticos: "Cristiano es muy bueno. Pero para mí, Messi es más completo. Aunque lo que ha hecho Ronaldo está al alcance de muy pocos".

En cambio, para José Mourinho, que lo dirigió en el Madrid con intensidad y tensión, la admiración fue total: "No entrenas a Cristiano. Lo diriges desde lejos. Él ya viene preparado. Es el primero en todo".

Esa mezcla de idolatría y juicio acompañó a Cristiano durante toda su carrera. Fue amado como un héroe y criticado como una figura pública de alto voltaje. Pero nunca dejó a nadie indiferente.

Entre la idolatría y la polémica

Cristiano Ronaldo ha sido también un fenómeno mediático y cultural. En las gradas, su nombre ha sido coreado en cuatro idiomas distintos. En las redes, ha acumulado más seguidores que cualquier otro deportista en la historia. En los titulares, ha alternado elogios épicos con debates encendidos.

Fue idolatrado por generaciones de jóvenes que veían en él el modelo del éxito construido a pulso. Y fue también discutido por quienes consideraban su figura demasiado calculada, demasiado centrada en sí misma. Pero eso mismo lo convirtió en leyenda: la capacidad de polarizar, de dividir, de imponer una presencia total.

El exfutbolista Gary Neville lo resumió así: "Cristiano no quiere gustarte. Quiere ganarte. Y eso lo hace único".

Su legado es, en parte, ese: haber sostenido una narrativa de grandeza sin descanso, incluso cuando la crítica le fue adversa, incluso cuando la edad lo obligaba a reinventarse. Porque detrás de cada testimonio, haya sido elogio o reproche, hay siempre una confesión tácita: nadie puede ignorarlo.

Cristiano Ronaldo es más que un futbolista. Es un hecho cultural. Y como todo hecho que deja huella, ha sido contado por muchas voces. Algunas lo veneran. Otras lo cuestionan. Pero todas, al nombrarlo, confiesan su influencia. Porque cuando todos hablan de ti durante veinte años, es que ya no eres solo un jugador: eres parte de la historia.

15. Cristiano fuera del campo

Detrás del atleta perfecto, del futbolista implacable, hay un hombre que ha conocido también la pérdida, el amor, la paternidad y la vulnerabilidad. Cristiano Ronaldo ha construido su leyenda con el balón, pero también con sus silencios fuera del césped.

Nacido en una familia humilde, su vínculo con su madre, Dolores Aveiro, ha sido siempre central. Ella lo crió entre privaciones, trabajando como cocinera y limpiadora, y fue quien lo apoyó incondicionalmente desde los primeros pasos en Madeira. Cristiano no oculta su devoción: "Todo lo que soy se lo debo a mi madre".

La figura ausente fue su padre, José Dinis Aveiro, fallecido en 2005 por complicaciones hepáticas derivadas del alcoholismo. Cristiano tenía solo 20 años. "Nunca pudo ver lo que logré. Eso me duele más que cualquier derrota", confesó con los ojos húmedos en una entrevista con Piers Morgan. Aquel duelo marcó para siempre su carácter: férreo, disciplinado, a veces hermético.

Como padre, Cristiano ha formado una familia poco convencional y profundamente suya. Es padre de cinco hijos: Cristiano Jr., Eva, Mateo, Alana Martina y Bella Esmeralda. Su pareja, Georgina Rodríguez, se ha convertido en su compañera estable y figura pública por derecho propio. En 2022, la pareja sufrió la pérdida de uno de los mellizos que esperaban. Fue una tragedia personal vivida bajo la mirada del mundo. El club, los rivales, incluso Anfield, le dedicaron un minuto de aplausos. "Solo el nacimiento de nuestra hija nos dio fuerzas para seguir adelante", escribió entonces.

Cristiano ha sabido proteger a su familia del asedio mediático, manteniendo una cierta muralla emocional entre lo público y lo íntimo. Pero en cada publicación, cada gesto, cada declaración sobre sus hijos, se percibe una dimensión profundamente humana. "Quiero que mis hijos digan: 'mi padre lo dio todo, y lo dio con dignidad'", dijo una vez.

Más allá del deporte, Cristiano ha mantenido un perfil filantrópico tan generoso como discreto. Ha donado millones de euros a hospitales infantiles, ha financiado tratamientos médicos de niños enfermos, ha pagado operaciones a fans anónimos, y ha contribuido a la reconstrucción de escuelas tras catástrofes naturales. Todo ello sin ruedas de prensa ni gestos ampulosos.

En 2015, fue reconocido como el deportista más solidario del mundo por la organización DoSomething. En lugar de construir una narrativa pública en torno a su altruismo, ha optado por la acción silenciosa, muchas veces conocida solo por quienes recibieron su ayuda.

Pero como toda figura gigantesca, también ha estado envuelto en controversias. La más grave, una acusación de abuso sexual en 2009 en Las Vegas, que, aunque no llegó a juicio tras un acuerdo confidencial, dejó una mancha en su historial. Cristiano siempre negó los hechos: "La verdad sale a la luz. Puedo dormir en paz". Para sus detractores, fue un punto de quiebre; para sus defensores, una prueba más de la presión constante que enfrenta una figura pública.

Estas contradicciones lo humanizan: no es un ídolo sin fisuras, sino un personaje lleno de pliegues. Entre la admiración universal y el juicio público, ha navegado durante décadas sin perder su centro. Su vida, como su fútbol, ha sido una carrera de fondo.

Cristiano Ronaldo es, sí, un fenómeno mediático. Un símbolo del éxito, del culto al cuerpo, del sacrificio recompensado. Pero también es un hombre marcado por sus heridas, por la ausencia del padre, por el peso de la fama y la responsabilidad. Ha llorado en el campo, ha mostrado orgullo y ternura, rabia y fe.

No se lo ve en fiestas, ni en escándalos, ni en excesos. Su vida privada es, paradójicamente, su refugio más sagrado. Mientras otros se diluyen entre focos y titulares, él ha levantado una muralla de disciplina alrededor de sí mismo. Y dentro de ella, vive el niño de Madeira que soñaba con ser el mejor, no para ser amado, sino para honrar la promesa que un día hizo en silencio frente al mar.

El mito de Cristiano Ronaldo no se entiende sin el hombre que hay detrás: un hijo leal, un padre entregado, un competidor inagotable, un ser humano que eligió vivir a la vista del mundo sin perder su alma. Ahí radica su misterio. No en lo que muestra, sino en lo que esconde. No en su perfección, sino en su inquebrantable voluntad de merecerla.

EPÍLOGO

La eternidad según Cristiano Ronaldo

Hay jugadores que pasan. Que deslumbran, que conquistan, que ganan. Y luego se van. El tiempo los convierte en recuerdo, en anécdota, en cifras sobre papel. Cristiano Ronaldo no es de esos.

Su historia no se mide solo en goles ni trofeos, ni siquiera en récords o camisetas vendidas. Su historia es la de una voluntad que nunca se rindió, la de un cuerpo disciplinado como un templo, la de una mente que hizo del sacrificio un arte y del perfeccionismo una religión.

Ni la edad ni las geografías han podido detenerlo. A sus casi 40 años, sigue compitiendo con la misma hambre que cuando debutó con el Sporting. En la temporada 2023–2024, con el Al-Nassr saudí, ha marcado más de 40 goles en todas las competiciones, y ha sido el máximo goleador de la Saudi Pro League, demostrando que aún no hay crepúsculo para su instinto.

Sigue rompiendo barreras: se convirtió en el primer jugador en disputar seis Eurocopas, y en el máximo goleador histórico del fútbol profesional. En la selección portuguesa, lejos de ser una figura decorativa, sigue aportando liderazgo y goles. En el Mundial de Catar 2022 marcó en su quinto Mundial consecutivo, otro hito reservado a los elegidos.

Pero lo más asombroso es cómo se habla de su final... y cómo él responde.

"Me retiraré cuando sienta que ya no puedo competir al más alto nivel. Todavía no he llegado a ese punto", declaró en una entrevista reciente. Y añadió, con su habitual mezcla de certeza y fuego: "No juego para demostrar nada. Juego porque me gusta. Cuando el cuerpo y la mente digan basta, lo aceptaré. Pero aún no ha pasado".

No hay nostalgia en sus palabras, sino una lucidez serena. No niega el paso del tiempo, pero tampoco lo dramatiza. Sabe que el final llegará —como llega para todos—, pero se niega a fingir que eso lo define ahora. Y en ese gesto hay grandeza: la de un hombre que ya no necesita demostrar quién es, porque ya se lo ha demostrado todo a sí mismo.

Sus rivales cambian. Los campeonatos se transforman. Las generaciones se renuevan. Pero él sigue. Cada partido que juega es una prolongación del milagro. No solo por lo que aún consigue, sino por lo que representa: la perseverancia contra el desgaste, la dignidad contra el olvido, la fe contra el reloj.

Cristiano Ronaldo no ha anunciado su retirada. Ni lo hará en un acto solemne ni con un comunicado melancólico. Tal vez, simplemente, un día deje de correr. Pero su huella ya no depende de que lo siga haciendo. Porque, en cierto modo, el número 1 nunca se jubila. No pertenece al calendario, sino a la memoria. No depende de los contratos, sino de las pasiones que encendió.

Y porque —como él mismo ha dicho— "si todavía me levanto con ganas de entrenar, de marcar, de mejorar... entonces no es el final".

La eternidad, según Cristiano Ronaldo, no se gana. Se trabaja todos los días. Y mientras él siga trabajando, seguirá siendo presente. Cuando se detenga, será historia. Pero una historia viva, inscrita en cada niño que sueñe con alcanzar lo imposible, en cada persona que crea que el esfuerzo también puede ser arte.

APÉNDICES

A. CRONOLOGÍA DE VIDA Y CARRERA

La vida de Cristiano Ronaldo es también la historia de un ascenso constante. Desde su infancia humilde en Madeira hasta convertirse en uno de los futbolistas más célebres de todos los tiempos, este recorrido cronológico permite seguir los hitos más relevantes de una carrera única.

Año	Evento
1985	Nace en Funchal, Madeira (Portugal), el 5 de febrero.
1992–1995	Primeros pasos en el club Andorinha.
1995–1997	Juega en el Nacional de Madeira.
1997–2003	Se forma en el Sporting de Lisboa.
2002	Debuta con el primer equipo del Sporting con 17 años.
2003	Fichaje por el Manchester United tras un amistoso ante el equipo inglés.

Año	Evento
2008	Gana su primera Champions League y su primer Balón de Oro.
2009	Fichaje por el Real Madrid por 94 millones de euros.
2014	Gana su segunda Champions y segundo Balón de Oro con el Real Madrid.
2016	Campeón de la Eurocopa con Portugal.
2018	Fichaje por la Juventus de Turín.
2021	Regresa al Manchester United.
2022	Participa en su quinto Mundial con Portugal.
2023	Fichaje por el Al-Nassr de Arabia Saudí.
2024	Continúa compitiendo al más alto nivel en Arabia Saudí y con la selección portuguesa.

B. Palmarés completo

La magnitud del palmarés de Cristiano Ronaldo es testimonio de una carrera en la élite durante más de dos décadas. Ha ganado los principales títulos en Inglaterra, España e Italia, y ha triunfado con su selección nacional, logrando lo que pocos han soñado.

Competición	Títulos
Champions League	5
Premier League	3
La Liga	2
Serie A	2
Eurocopa	1
UEFA Nations League	1
Mundial de Clubes	4
Copa del Rey	2
FA Cup	1
Supercopas nacionales (Inglaterra, España, Italia)	8

C. Goles por temporada y club

Pocos jugadores han mantenido una regularidad goleadora como Cristiano Ronaldo. Su instinto letal frente al arco, sumado a su longevidad, lo ha llevado a convertirse en el máximo goleador de la historia del fútbol profesional.

Club	Temporadas	Goles oficiales
Sporting CP	2002–2003	5
Manchester United (1.ª etapa)	2003–2009	118
Real Madrid	2009–2018	450
Juventus	2018–2021	101
Manchester United (2.ª etapa)	2021–2022	27
Al-Nassr	2023–Actualidad	54 (hasta mayo de 2025)

Total estimado (a mayo de 2025): más de 755 goles oficiales con clubes.

A estos hay que sumar más de 125 goles con la selección portuguesa, haciendo de Cristiano el máximo goleador de selecciones en la historia.

D. BIBLIOGRAFÍA Y FUENTES DOCUMENTALES

Abarca, Antonio (2019). *Cristiano Ronaldo: El arte de marcar goles*. Madrid: Editorial Cúpula.

Ballesteros, Tomás (2021). *Cristiano Ronaldo: Ambición sin límites*. Barcelona: Ediciones Martínez Roca.

Cordero, Miguel Ángel (2020). *El legado de CR7*. Sevilla: Editorial Alfar.

Ducker, James (2018). *Cristiano Ronaldo: La máquina*. Londres: HarperSport.

Guillem Balagué (2015). *Cristiano Ronaldo: La biografía definitiva*. Barcelona: Ediciones Córner.

Hughes, Rob (2017). *Cristiano Ronaldo: Sueños de gloria*. Nueva York: Bloomsbury Publishing.

Llopis, Manuel (2022). *Cristiano Ronaldo: La obsesión por la perfección*. Valencia: Ediciones Samaruc.

Morgan, Piers (2022). *Cristiano, en primera persona*. Londres: Penguin Books. [Entrevistas televisivas y versión impresa adaptada.]

Piñol, Sergio (2023). *De Madeira al mundo: La vida de Cristiano Ronaldo*. Madrid: Editorial Almuzara.

Ribeiro, Joana (2020). *O menino da Madeira: Cristiano Ronaldo contado por su tierra*. Lisboa: Bertrand Editora.

Riveiro, Carlos (2019). *CR7 vs Messi: Dos dioses frente a frente*. Buenos Aires: Editorial Planeta.

UEFA (2023). *Informe estadístico oficial: Cristiano Ronaldo*. Nyon: UEFA Publications.

VV. AA. (2024). *Anuario FIFA 2024*. Zúrich: Fédération Internationale de Football Association.

VV. AA. (2023). *Cristiano Ronaldo en cifras: Base de datos Transfermarkt*. Hamburgo: Transfermarkt GmbH & Co.

**GRACIAS POR COMPRAR
ESTE LIBRO.
DESCUBRE MÁS EN
NUESTRA WEB:**